Inhalt

Er ist mein Gott

Teil 1

Er ist mein Gott

SO
WAS WIE
GÖTTER GIBT
ES NICHT ...

RUPF

RUPF

RUPF

DIE ROSAROTEN
SPINNENLILIEN, DIE ICH
VORHIN GEPFLÜCKT HABE
...

KNIRSCH

... EIN BISSCHEN DARÜBER NACHDENKEN.

SEIT GESTERN ZERBRECHE ICH MIR JETZT SCHON DEN KOPF DARÜBER, ABER ...

... ICH KANN EINFACH KEINE ENTSCHEIDUNG TREFFEN.

SCHLUCK

ES GEHT JA NICHT NUR UM MEINEN KÖRPER ...

ES IST ZUM VERZWEIFELN ...

DOMP

AUA!

UND AUSSERDEM, WENN ICH MICH ENTSCHEIDE ...

ICH GEHE HEUTE MIT PAPA UND MAMA AUSWÄRTS ESSEN, ...

NA, EGAL ...

... DU KANNST JA GUCKEN, WAS DU IM KÜHLSCHRANK FINDEST.

DIE KOMMEN AUCH MIT!

WAS IST MIT OMA UND OPA?

UND KOMM BLOSS NICHT AUF DIE IDEE, MITZUWOLLEN!

MEINEN GEBURTSTAG WILL ICH MIT **MEINER** FAMILIE VERBRINGEN.

COUSIN HIN ODER HER ...

...

SCHON KLAR ...

WIRFST DU DAS DING NACH MIR?

WIESO

SO VIEL FREIZEIT IST JA NICHT AUSZU- HALTEN!

...

ALSO ENTSCHEIDE DICH JETZT GEFÄLLIGST, ABER ZACKIG!

BATSCH ...DA!

BIN WIEDER...

ICH HABE MICH BEREITS ENTSCHIEDEN.

WENN DADURCH MEIN WUNSCH IN ERFÜLLUNG GEHT, WERD ICH IHM MEINEN KÖRPER ÜBERLASSEN.

EIN SELTSAMER KERL IST DAS.

LÄCHEL

DASS ER SO VIEL ZEIT MIT MIR VERBRINGT, OBWOHL ER EIN GOTT IST ...

AH ...

GAR NICHTS!

DER SCHREIN ... ICH SOLLTE MICH WOHL LIEBER BEDANKEN, ...

HMPF

SCHLIESS-LICH IST ER EIN GOTT.

ABER DAS IST MIR ZU PEINLICH ...

WAS IST?

TAP

HMMM ...

ACH SO ...

ICH KANN ES IHM AUF KEINEN FALL SAGEN, ABER ...

Er ist mein Gott
Teil 2

GRRR

JE LÄNGER ICH MIR DIESEN MENSCHEN ...

... DESTO MEHR DINGE FALLEN MIR AUF.

...SO ANSEHE,

... IST MEISTENS ALLEINE UND LIEST.

ER HAT NICHT EINEN EINZIGEN FREUND ...

ER KANN NICHT GUT MIT ANDEREN MENSCHEN UMGEHEN, ...

ZUNÄCHST MAL IST ER WEDER FREUNDLICH NOCH UMGÄNGLICH.

DIE TOCHTER WILL DIE ZUNEIGUNG IHRER ELTERN FÜR SICH ALLEIN.

SEINE ELTERN SIND UMS LEBEN GEKOMMEN UND SEINE VERWANDTEN WISSEN NICHT, WIE SIE JETZT MIT IHM UMGEHEN SOLLEN.

UND DANN VERSUCHT ER NOCH NICHT MAL, SICH DER FAMILIE, BEI DER ER SICH EINGENISTET HAT, ANZUNÄHERN ...

DA!

ER HAT SICH VERKROCHEN, OHNE JEMALS GELERNT ZU HABEN, EINFACH NUR ZWANGLOS ER SELBST ZU SEIN.

UND DANN GIBT ES DA NOCH EINE SACHE, DIE ICH NICHT VERSTEHE ...

SCHMÖKER

AKA!

DIESER MENSCH ...

MIR IST KALT!

48

DANN GEH DOCH INS KLASSENZIMMER ZUM ESSEN!

WAS SOLL ICH MACHEN, UM DIESE JAHRESZEIT IST ES HIER OBEN EBEN KALT.

ICH BIN DOCH KEIN STUHL!

ICH KENNE NIEMANDEN, DER SO EGOISTISCH IST WIE DU.

WENN DU HEIMKEHRST, GEHE ICH MIT.

SOLANGE ICH IN DEINER NÄHE BLEIBE, KANNST DU MIR MEINEN WUNSCH ERFÜLLEN.

NICK

...

JEDES MAL, WENN IRGENDETWAS IST, IST ES DAS!

ABER MITTLERWEILE ...

TJA ... SOLLEN WIR UNS DANN MAL AUF DEN WEG MACHEN?

DA, SCHON WIEDER ...

NUN, ES SCHEINT SICH ABER GLÜCK-LICHERWEISE UM KEINEN WUNSCH ZU HANDELN, DER SOFORT IN IRGEND-EINER WEISE ZU BEWERKSTELLIGEN WÄRE. VON DAHER IST ES OKAY.

... KANN ICH IHN JA SCHLECHT FRAGEN, WAS ES IST, DAS ER SICH WÜNSCHT ...

ICH WILL NÄMLICH NOCH EIN BISSCHEN MIT IHM SPIELEN.

WÄRE ICH EIN GOTT, MÜSSTE ICH DAS SCHLIESSLICH WISSEN ...

SCHAUKEL

HE! AKA!

WATSCHVA

KLÄFF

WIE LANGE WILLST DU DENN NOCH WARTEN, ...

... BIS DU IHM WAS SCHRECKLICHES ANTUST?

DEIN SCHOSS GEHÖRT MIR ALLEIN!

GRRR

GEFÜHLE ...?

DARÜBER HAB ICH MIR NOCH KEINE GEDANKEN GEMACHT.

DU WECKST IHN NOCH AUF.

PSST!

FUMP

DU HAST DOCH NICHT ETWA GEFÜHLE FÜR IHN ENTWICKELT, ODER?

WAFF

WAFF

... HABE ICH MICH ETWA ...

... IN IHN ...

...

DU HAST KEINE GEFÜHLE FÜR IHN, STIMMT'S?!

WA... HEY, WIESO SAGST DU NICHTS?!

SCHOSS!!

MEIN!

ICH HAB DAS GEFÜHL, ICH BIN ZU LANGE GEBLIEBEN ...

DAS DARF NICHT SEIN ... ABER WENN ICH ERST MAL ZURÜCKKEHRE ...

HM ...

SELTSAMERWEISE FÄLLT ES MIR SCHWER, EINFACH ZU GEHEN ...

ABER ...

... SOBALD ES UM SEINEN WUNSCH GEHT, VERZWEIFELT ER VÖLLIG.

AKA ...

NUR MIR GEGENÜBER VERHÄLT ER SICH SO EGOISTISCH UND KLAMMERT SICH FEST ...

GRRRR

AKA ...

ICH FINDE DAS IRGENDWIE SÜSS ...

DRÜCK

VIELLEICHT BIN ICH ZU WEIT GEGANGEN, ...

... ALS ICH MICH AUS WUT AN IHM RÄCHEN WOLLTE.

AKA ...

HN ...

UH ...

DUMME SACHE ...

KAZUSA!

HASP

ZUCK

... DU HAST MICH ...

SOLL DAS HEISSEN, ...

AKA IST DER YOKAI DER ROSAROTEN SPINNENLILIEN, ER IST KEIN GOTT!

PFF ...

JA, GANZ GENAU!

ER HAT SICH AN DIR GERÄCHT, WEIL DU SEINE BLUMEN AUSGERISSEN HAST!

KOJU!

DU BIST EIN SCHRECKLICHER MENSCH!

IST DAS ... WIRKLICH WAHR?

UUH ...

MICH RAUSZUREDEN, HAT WOHL KEINEN ZWECK ...

DANN IST ES EBEN JETZT SO WEIT ...

ICH HATTE JA VON ANFANG AN VOR, ES IHM IRGENDWANN ZU SAGEN ...

JA, ES STIMMT, ...

... ICH BIN KEIN GOTT.

ICH HABE EIN FALSCHES SPIEL MIT DIR GESPIELT.

DANN ...

... WIRD SICH MEIN WUNSCH ALSO NICHT ERFÜLLEN, ODER?

SCHÜTTEL

ZUCK

SCHÜTTEL

KAZUSA!

ICH ...

HAU AB.

WAS MACHT ER DENN FÜR EIN GESICHT?!

... WERDE ICH DEM NACHKOMMEN, KAZUSA.

ES TUT MIR LEID ...

SSSH

HASP

68

GUCK

AKA?

IST ER WIRKLICH...?

A...

FLATTER

H... HE!

AKA?!

...

...

ER RUFT NACH DIR!

69

HE ...

AKA ...

...

WINSEL

KUMMER

UND DIR GEHT ES SEITDEM AUCH NICHT GUT ...

KAZUSA ... SEITDEM DAS PASSIERT IST, SUCHT ER JEDEN TAG NACH DIR ...

AKA ...

GUCK

DAS IST ALLES MEINE SCHULD ...

AKA!

GUCK

WUSCHEL

WUSCHEL

KOJU ... DAS IST NICHT DEINE SCHULD ...

SEUFZ

ICH WAR EIN IDIOT ...

MIT MENSCHEN TREIBT MAN KEINE SPIELCHEN AUS ZORN HERAUS ...

ICH HABE JETZT VERSTANDEN, DASS WIR YOKAI NICHT SO GEDANKENLOS MIT IHNEN UM-GEHEN DÜRFEN ...

UND DU KANNST DICH IHM NICHT ZEIGEN?

IST DAS WIRKLICH OKAY, WENN ER DICH DIE GANZE ZEIT RUFT?

AUCH WENN ER DIE GANZE ZEIT NACH MIR RUFT ... ER HAT SICH DOCH GEWÜNSCHT, DASS ICH VERSCHWINDE ...

AKA ...

DAS MINDESTE, WAS ICH TUN KANN, UM ES WIEDERGUT-ZUMACHEN, IST, ...

SST

... AUF KAZUSA AUFZUPASSEN, BIS SICH SEIN WUNSCH ERFÜLLT HAT.

WENIGSTENS DIESEN EINEN WUNSCH ...

... MÖCHTE ICH IHM ERFÜLLEN.

...

OH!

ER LÄUFT WEG!

TAPP

SPÄH

A... ABER ...
ES IST OKAY, WENN DU MIR NOCH MAL WAS VORMACHST ...
ZITTER
SIEH HER ... ICH HAB DEINE BLUMEN VERLETZT ...
WILLST DU DICH JETZT NICHT AN MIR RÄCHEN?
WENN DU DEINE WUT AN MIR AUSLASSEN WILLST, ...
FLAPP
... DANN TU WAS IMMER DU WILLST!

AKA!

ZOSCH

WENN DU ... BEI MIR BIST ... DANN ...

... ERFÜLLT SICH ... WIE SOLL ICH SAGEN ...

AM ANFANG WOLLTE ICH, DASS ICH MEINE FAMILIE WIEDERSEHEN KANN ...

... ODER DASS WENIGSTENS JEMAND AN MEINER SEITE IST ...

PACK

!

ABER JETZT HAT SICH ...

ACH, VERDAMMT ...

DU HAST DIR GEWÜNSCHT, ...

... DASS ICH BEI DIR BIN, STIMMT'S?

FUMP

ZIEH

ICH WEISS JA, DASS DU KEIN EINFACHER KERL BIST ...

WA...!

UND DIESMAL WOLLTEST DU MICH WIEDER-SEHEN, STIMMT'S?

D... DIE ROSAROTEN SPINNENLILIEN SOLLEN SAGEN: »ICH FREUE MICH AUF DEN TAG, AN DEM WIR UNS WIEDERSEHEN WERDEN« ...

JA- JA.

ALSO DACHTE ICH, WENN ICH SIE DEN GÖTTERN OPFERE, KANN ICH MEINE FAMILIE WIEDER-SEH...

JA.

DAS GEHT DOCH IN ORDNUNG, ODER, AKA?

„BE-NUTZEN"...

WOLLEN WIR IHN ZUSAMMEN BENUT- ZEN?

ABER ...

KONTS

*AH!

ER WEISS ES DOCH GANZ GENAU ...

SCHNIEF SCHNIEF

DIE ROSAROTE SPINNENLILIE HAT NOCH EINE WEITERE BEDEUTUNG ...

WENN DU ...

... DIR DAS WÜNSCHST ...

„ICH DENKE IMMER NUR AN DICH ALLEIN. "

Er ist mein Gott / ENDE

DU GEHÖRST ALSO ZUR FAMILIE ... WAS MACHST DU DENN NORMALER-WEISE SO?

NUN ... ICH BIN AKAS BOTE UND TRAGE SEINE BRIEFE AUS!

ÖÄHÖM

ICH SCHREIBE DOCH SO GUT WIE NIE BRIEFE ODER SO WAS ...

NA JA ...

TADAA

OH!

LAS-SEN WIR DAS.

ACH, ECHT!?

AUSSERDEM HAST DU DICH DOCH LETZTENS VERLAUFEN. HAST DU DA NICHT GEWEINT?

ÜBER-NIMM DICH NICHT ...!

ZITTER

WAAH

WIE PEINLICH ...!

KOJUS PUTZIGE ANWESEN-HEIT ALLEIN REICHT DOCH VÖLLIG AUS.

BY KA-ZU-SA

DIE ROSAROTE SPINNENLILIE WIRD AUCH NOCH ALS „FUCHSBLUME" BEZEICHNET.

Ein Rezept gegen Einsamkeit ①

ICH BIN PERFEKT.

Waah! Ist das wirklich für mich?

Na klar!

ICH BIN FREUNDLICH, VERLÄSSLICH ...

ICH HAB MIR GEMERKT, DASS DU GESAGT HAST, ...

KLACK

KLACK

KLACK

... DASS DU DIR DAS WÜNSCHST ...

... GANZ ZWANGLOS UND GELASSEN UNTERHALTEN KANN.

Danke, das ist sehr nett!

... UND EINE REIZENDE PERSON, DIE SICH MIT DEM MÄDCHEN, FÜR DAS SIE SCHWÄRMT, ...

KLACK KLACK

KLACK

Du bist eben was Besonderes, Airi.

ZU- MINDEST ...

NOCH DAZU SEHE ICH GUT AUS ...

Airi

Danke noch mal für vorhin!
Lass uns das bald mal wiederholen.
Wo wir schon dabei sind, du wohnst
doch ganz hier in der Nähe, oder?
Wollen wir uns vielleicht mal
persönlich treffen?

KLICK

?!

PYUU

JE...
JETZT IST ES
PASSIERT.
JETZT HAT
SIE MICH
TATSÄCHLICH
EINGELADEN!

HNNNNNG
...

PERSÖNLICH
...?!

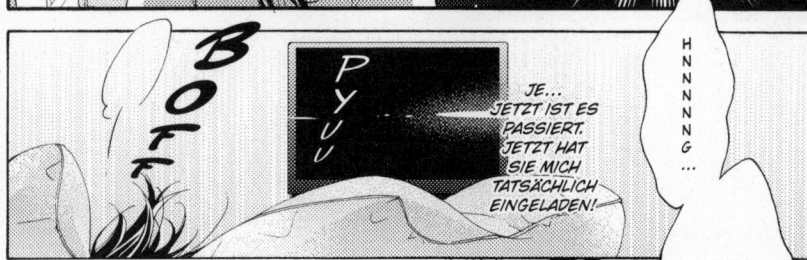

BOFF

ICH
KANN SIE
UNMÖGLICH
SO
TREFFEN!

N... NEIN,
NEIN, NEIN,
QUATSCH!

IST
DAS JETZT
ETWA EIN
DATE?

BOFF

GANZ AUS DEM

HÄUSCHEN

TAMAKI WAR MEIN ERSTER GROSSER SCHWARM IN DER MITTELSCHULE ...

AIRI ERINNERT MICH ...

ABER ... AIRI IST AUFGEWECKT UND NETT ...

EINEN VERSUCH IST ES WERT ...

DRÜCK

... AN TAMAKI AUS DER NACHHILFE DAMALS, ...

... DESHALB HAB ICH TOTAL ANGST VOR DEM TREFFEN, AUCH WENN ICH SIE SEHR MAG ...

WIR SIND UNS NUR AB UND ZU MAL BEGEGNET, ABER ...

ICH HAB MEINEN GANZEN MUT ZUSAMMEN-GENOMMEN UND IHR EIN GESTÄNDNIS GEMACHT, ...

«MAENO, ICH FIND'S TOLL, DASS DU DICH IMMER SO INS ZEUG LEGST, AUCH BEI SACHEN, DIE DIR NICHT SO LIEGEN!"

ICH MAG ...

... DICH!

UND DA WAR'S UM MICH GESCHEHEN ...

W... WIE AUCH IMMER, ICH SOLLTE AIRI ANTWORTEN ...

UND DANN, DAMIT ICH SIE TREFFEN KANN, ...

S... SCHLUSS DAMIT!

ICH KANN MICH NICHT FÜR IMMER VOR DER WELT VERSTECKEN!

FUMP

ROLL ROLL

BIBBER

... MUSS ICH ... NACH DRAUSSEN GEHEN!

BIBBER

SCHAU MAL!

WAAH!

WUPP

HM?

SRT

... KOMMT MIR VIEL ZU NAH!

AH ...

UH ...

D... DIESER KERL ...

VIELLEICHT ...

A... ABER ...

UND ER RIECHT GUT!

WILLST DU'S MAL ANPROBIEREN?

OKAY!

KNÖPF

SIE MUSS JA DENKEN, DASS ICH ...

... DASS ER SO EHRLICH IST, KÖNNTE MEINE RETTUNG SEIN ...

... UND REIZENDE TYP BIN, DER SICH SO ZWANGLOS MIT IHR UNTERHÄLT.

... DER FREUNDLICHE, ...

... VERLÄSSLICHE ...

OHNE HILFE WERDE ICH ES WOHL KAUM HINKRIEGEN, MICH MEINEM INTERNET-ALTER-EGO ANZUNÄHERN ...

WENN WIR UNS TREFFEN, MACHT MICH AIRI BESTIMMT ERST MAL SPRACHLOS ...

UND DASS ICH SO AUS-SEHE, ...

SRRT

HÄ?

OH!

JA!

ENTSCHULDIGE, KANN ICH REINKOMMEN?

ZUPP

UND DANN AUCH NOCH MEIN GUT AUSSEHENDER AVATAR ...

BADUM

BADUM

BADUM

OH, ABER ...

DIE STEHT DIR AUSGEZEICHNET.

NICHT SO NAH!

UH!

A... ALSO ...

HIER KÖNNTE SIE ETWAS ZU WEIT SEIN ...

ZUCK

I... ICH WÜRDE MICH JETZT GERNE WIEDER UM- ZIEHEN ...

ALLES KLAR.

PFSCH

DU HAST EINEN SCHMALEN HINTERN. SKINNY JEANS WÜRDEN DIR AUCH GUT STEHEN.

PAT

ABER ...
WENIGSTENS
HAB ICH JETZT
SACHEN
GEKAUFT
...

HE
HE ...

IST DIESE ART
VON KÖRPER-
KONTAKT ETWA
NORMAL?

ICH HAB
TOTAL HERZ-
KLOPFEN
GEKRIEGT!

KAPUTT

DIE
VERKÄUFE-
RINNEN
MACHEN
MICH
NERVÖS ...

HEREIN-
SPAZIERT!

DANK
DIR HAB
ICH JETZT
WENIGSTENS
EIN PAAR
KLAMOTTEN.

AH,
NEIN,
NEIN!

DIR
WAR WOHL
WIEDER
SCHWINDELIG
WEGEN DEINER
MENSCHEN-
PHOBIE ...

ALLEINE WÄR
ICH VIELLEICHT
ÜBERFORDERT
GEWESEN ...

TUT MIR
LEID,
WENN ICH DICH
ÜBERFORDERT
HABE ...

WAH

VIELEN DANK.

JETZT BIN ICH FÜR DAS TREFFEN MIT MEINEM SCHWARM PERFEKT VORBEREITET.

HA HA ...

HAT ANGST VOR LEUTEN DIE IHN ANSPRECHEN

AH, JA ...

ABER DU KANNST DOCH GANZ NORMAL MIT MIR REDEN, ODER?

ICH WAR HEUTE AUCH SCHON BEIM FRISEUR, ABER DAS HAT NICHT SO GEKLAPPT ...

ICH KANN NICHT GUT MIT MENSCHEN REDEN. ICH MUSS MICH MEHR ANSTRENGEN ...

HM? DEIN SCHWARM?

BEI DIR WERDE ICH IRGENDWIE GAR NICHT NERVÖS.

ÄH ... JA. DAS ÜBERRASCHT MICH SELBST ...

UND OBWOHL WIR UNS GAR NICHT KENNEN, WAR ER TOTAL NETT ZU MIR.

DABEI HAT ER MICH NUR ZUM EINKAUFEN BEGLEITET, WEIL ER GERADE ZEIT HATTE.

DU LEGST DICH FÜR DEINEN SCHWARM JA GANZ SCHÖN INS ZEUG. UND DAS, OBWOHL DU NICHT GUT MIT ANDEREN REDEN KANNST UND NICHT GERN RAUSGEHST.

ICH GLAUB, DER IST KEINER,
...

... DER SICH ÜBER MICH LUSTIG MACHEN ODER ÜBER MICH TRATSCHEN WÜRDE ...

WUSCHEL

ALSO EHRLICH GESAGT, ...

BADUM

... FINDE ICH DAS WAHNSINNIG TOLL.

NANU?

KIMURA, BIST DU'S?

GERÜHRT

WAAH!

DAS HAT TAMAKI DAMALS AUCH GESAGT ...

DER IST NETT ...

HE!

DOM

WAS SOLL DAS?

WIR HATTEN JA DAMALS GAR NICHT VORGEHABT, IHN DESWEGEN AUFZU...

DABEI IST ER DOCH BESTIMMT NUR DESHALB NICHT MEHR GEKOMMEN, WEIL ...

HALT DEN MUND UND LASS MICH LOS!

DAS REICHT JETZT!

HAU AB!

SSST

TUT MIR LEID ...

ÄH ...

OKAY ...

TAPP

ZITTER

TA TA
TAPP
KLACK
RUMMG

AIRI IST NETT ...

Dir geht es nicht so gut, oder?

Damals war ein ziemlich unschönes Gerücht über mich im Umlauf ... Und daran musste ich plötzlich wieder denken ...

Tut mir leid, dass ich dir Sorgen mache.

Ich habe gestern zufällig einen Bekannten aus der Mittelschule getroffen ...

Eeecht?

ICH MAG SIE. SIE HÖRT MIR IMMER ZU.

KLACK KLACK KLACK

Es ist zwar etwas abgelegen, aber ich kenne ein Café, der Kuchen da ist echt lecker. Was meinst du?

EHRLICH GESAGT, WILL ICH DEN LEUTEN AUS DER GEGEND HIER ...

KLACK

LÄCHEL

!

Na, treffen wir uns eben irgendwo außerhalb!

... NICHT MEHR UNBEDINGT ÜBER DEN WEG LAUFEN ...

ICH BIN ...

Ein Rezept gegen Einsamkeit ❷

ABER JETZT HAB ICH SCHISS ...

KLACK

...
SOGAR NACH DRAUSSEN GEGANGEN, DAMIT ICH DIESES MÄDCHEN TREFFEN KANN ...

UUH ...

OKAY ...

AUF DIE WEISE WERDE ICH AUCH NIEMANDEM ZUFÄLLIG ÜBER DEN WEG LAUFEN ...

OH MANN ...

JETZT GIBT'S KEIN ENT-KOMMEN MEHR ...

ALS OB ICH NICHT SCHON GENUG PROBLEME HÄTTE ...

AUSSER-DEM ...

... GEHT MIR NICHT MEHR AUS DEM KOPF, WAS ER ZU MIR GESAGT HAT.

ICH BIN SO EIN FEIGLING ...

... HAB ICH ES IRGENDWIE GESCHAFFT, AUS DEM HAUS ZU KOMMEN ...

HIBBEL
HIBBEL
HIBBEL
HIBBEL

OH GOTT ...

WAS SOLL ICH NUR TUN ...

OBWOHL ICH MICH GERADE SOWIESO NICHT GUT FÜHLE,

VROOO8

1301

HELITE IST ES SO WEIT ...

ICH TREFFE MICH MIT AIRI!

ABER AIRI HAT ...

Ich hoffe, du bist nicht enttäuscht, wenn wir uns endlich sehen.

ÄHEM

... MIR GESCHRIE-BEN.

SEUFZ

ICH BIN KOMPLETT UNVORBE-REITET!

BIS GERADE EBEN KONNTE ICH MICH NICHT MAL ENTSCHEIDEN, OB ICH WIRKLICH GEHEN SOLL, ODER NICHT ...

ZUPPEL

... WERDEN
SIE ALLE
WIEDER ...

UND
DANN ...

... AUF MIR
RUMHACKEN
...

RUCK

... WERDE ICH
AIRI TOTAL
ENTTÄUSCHEN!

OH MANN!

WENN
ICH SO
UNSICHER
BIN, ...

HIER IST
JA NOCH
WENIGER
LOS, ALS
ICH DACHTE
...

SEIT
WANN
SIND
WIR
DA?

UOAH...

127

ALLES KLAR ...

DANN GEH ICH SCHON MAL VOR ...

...

HOTEL

Café

L'Élégance

DAS DA?!

NOCH DAZU SEH ICH TOTAL FERTIG AUS ...

O... OB DIE MICH IN DEN SACHEN ÜBERHAUPT REINLASSEN?

DAS IST HART!

TAP♪

„DU LEGST DICH FÜR DEINEN SCHWARM JA GANZ SCHÖN INS ZEUG."

HASP

GANZ EHRLICH, ICH WÜRDE AM LIEBSTEN AUF DER STELLE KEHRTMACHEN ...

GLÜH

„EHRLICH GESAGT, FINDE ICH DAS WAHNSINNIG TOLL."

ICH MUSS AUFHÖREN, IMMER WEGZULAUFEN, DAS IST DAS MINDESTE ...

HNF

BLINZEL

N...

NEIN, SO IST DAS NICHT!

F W A P

ZIEH

OB DU JETZT EIN JUNGE BIST ODER DIE PERSON, FÜR DIE ICH DICH DIE GANZE ZEIT GEHALTEN HABE, ...

... AIRI BLEIBT AIRI, ...

ABER ...

... SCHÄTZE ICH.

KLAR HAST DU MICH ÜBERRASCHT, ...

... ABER IM INTERNET WEISS MAN SOWIESO NIE GENAU, MIT WELCHEM GESCHLECHT MAN ES ZU TUN HAT, ALSO ...

WA... WAS HAT DAS ZU BEDEUTEN?

RUMPEL

ES WAR MEINE SCHULD, DASS SIE ÜBER DICH GELÄSTERT HABEN ...

BADUM

ES TUT MIR WIRKLICH LEID!

DIESER KERL IST AIRI ... UND AIRI IST ... TAMAKI?

ICH HAB DAS MIT DEM GEREDE ÜBER DICH ZUM ERSTEN MAL AN DER OBERSCHULE GEHÖRT.

ABER TAMAKI HAT DOCH DAS MIT DEM GESTÄNDNIS ÜBER-ALL RUMERZÄHLT. WEGEN IHM GING ES MIR SO SCHLECHT!

UND DANN ...

IM GEGENTEIL ...

... WOLLTE ICH DIR IRGENDWIE NÄHERKOMMEN UND HAB MIR AIRI AUSGEDACHT ...

MIT MIR HÄTTEST DU JA NICHTS ZU TUN HABEN WOLLEN ...

ZITTER

ICH FIND'S ECHT ROMANTISCH, DASS DU DIE SACHEN ANHAST, DIE ICH FÜR DICH AUSGESUCHT HABE ...

WIESO?

GIB MAL DEINE HAND!

MAENO!

TAMAKI ...

ALS ICH ENDLICH MIT TAMAKI ZUSAMMEN WAR, HATTE ICH AUCH NICHT MEHR SO VIEL ANGST DAVOR, RAUSZUGEHEN.

NA, WEIL ICH WEISS, DASS ICH SIE DIR SPÄTER WIEDER AUSZIEHEN DARF, MAENO!

HAA?

DU BIST EIN WASCH-ECHTER KERL, HM?

TAMAKI ...

WILLST DU'S SEHEN?

NEIN, WILL ICH NICHT!

Rezept gegen Einsamkeit / ENDE

WIESO IST ES SO SCHWIERIG FÜR EINEN MENSCHEN, SICH DIE HAARE SCHNEIDEN ZU LASSEN?

ICH HAB WIRKLICH MITLEID MIT EUCH!

ABER MAN GEHT DOCH NUR ZUM FRISEUR ...

HÄ?

ABER DER MENSCH DA GERADE SAH SO BLASS AUS, ALS MÜSSTE ER AUF SEINE EIGENE BEERDIGUNG GEHEN!

ICH BIN DOCH BEI DIR!

WAS, WENN ICH WAS GEFRAGT WERDE?

HE HE

ZITTER

GELL? AKA!

WAS DAS BETRIFFT, HABEN YOKAI KEINE PROBLEME!

AAH ...

DER DA IST SPEZIELL ...

PASS AUF!

VER-WAN-DELST DU DICH?

JA!

AKAS NÄGEL ZIEHEN SICH ZURÜCK ...

SONST WÜRDE ER AM ENDE NOCH JEMANDEN DAMIT VER-LETZEN ...

GANZ SCHÖN LISTIG ...

DAMIT KANNST DU ANDERE GANZ SCHÖN HINTERS LICHT FÜHREN ...

BIS AUF DIE HAARE!

WIE ICH WILL!

SCHAU! AKA

POFF

NA JA, ER IST SÜSS, ER DARF DAS.

MEINE BEUTE

DIESER HASE RIECHT UNFASSBAR LECKER...

...

HAPS

!

HAU RUCK!

WAH! JETZT WAR ICH ABGE-LENKT!

WO GEHEN WIR HIN?!

HOPS

HOPS

WA ...

HE!

RASCHEL

RASCHEL

WAS?!
ÄH ...
SCHNUFF SCHNUFF
WIESO LIEGE ICH HIER AM BODEN?!
HE ...
WAS?
DU BIST SÜSS ...
WA...
HÄ?!
DER KERL HAT EINEN STÄNDER!
ICH SPÜR'S GANZ GENAU!

ER IST ZWAR NICHT VON MEINER ART UND AUSSERDEM EIN MÄNNCHEN, ...

OKAY!

... ABER TROTZDEM ...

HIER IST ES!

KÜRS

WOW!

WAS ... WAS FÜR EIN GLÜCK ...

HM?

FREU

... HAB ICH SOWOHL EINEN PARTNER ALS AUCH ETWAS ZU FRESSEN BEKOMMEN!

WAAH! GIBT ES HIER VIEL ZU FRESSEN!

HAB ICH ZUFÄLLIG ENTDECKT.

KRINGEL KRINGEL

KRINGEL

KRINGEL

ES GIBT GANZ VIELE VON UNS!

DU KANNST RUHIG ESSEN!

GRINS

AH ... HATTE ICH SCHON WIEDER VERGESSEN ...

HASEN SIND JA DAS GANZE JAHR ÜBER IN DER PAARUNGS-ZEIT!

KÜSS

ICH KANN DICH NICHT HÖREN!

FUMMEL

ICH HAB'S MIR ANDERS ÜBERLEGT!

NA KLAR, BEI DIESEN OHREN!

ENDE

ES IST LANGE HER, DASS AKA MICH DIESE GESTALT HAT ANNEHMEN LASSEN. ♪

ICH WERDE MAL EIN BISSCHEN NACH DRAUSSEN GEHEN.

HI HI

STOPP

HAH ...

HAH ...

HOP!

BLEIB BEI DER SACHE.

EIN FUCHS?! HILF MI...

WAH!

SORTIERT NACH GRÖSSE.

SO RIESIG ...!

KOJU HAT ERFAHREN, WIE HART ES IST, EIN MENSCH ODER EIN TIER ZU SEIN.

HOP!

ZITTER

A A A A H !

ICH HAB DEN GESCHLECHTS-TRIEB VON HASEN UNTER-SCHÄÄÄTZT!

WAS, SCHON WIEDER?!

ICH BIN FROH, EIN YOKAI ZU SEIN ...

ZITTER

VOR LAUTER SCHRECK ZURÜCKVERWANDELT.

GLITZER

GLITZER

GUCK

GUCK

JA, PRIMA ...

JETZT SIND SIE SCHON BESSER, ABER ...

Er ist jetzt auch sichtbar.

... UNINTERESSANT.

... IRGENDWIE ...

WIE DIE IHN ANSEHEN ...

ZUSCH

KAZUSA.

ZIEH

LASS UNS HÄNDCHEN HALTEN!

NENNT MAN DAS HIER JETZT EIGENTLICH EIN DATE?

HAH

DU BIST HEUTE JA ...

... RICHTIG ANHÄNGLICH, KAZUSA.

HAH

KAZU...

MACH DEINE HAARE WIEDER LANG.

BIN ICH NICHT ...

QUATSCH ...

ZIEH

SO WIE SIE VORHER WAREN.

AUA!

OKAY?

WIESO DAS AUF EINMAL ...?

...

HALLO, ICH BIN KOMACHI MACHI. ICH HABE
MICH WIRKLICH GEFREUT, SO VIELE LANGE
HAARE UND PLÜSCHIGES FELL ZEICHNEN ZU
KÖNNEN.

AUCH WENN SICH DER GOTT ALS YOKAI ENTPUPPT HAT, IST
ER FÜR KAZUSA TROTZ ALLEM IRGENDWIE EIN GOTT, WEIL
ER IHM SEINEN GRÖSSTEN WUNSCH ERFÜLLT HAT.

ICH HOFFE, ES GEFÄLLT EUCH!

KOMACHI MACHI

AKA HAT MIR
MEINEN NAMEN
GEGEBEN.

ICH BIN SO GLÜCKLICH, DASS
ER DARIN SEIN EIGENES
SCHRIFTZEICHEN* VEREWIGT
HAT.

HE HE HE!

*DAS SCHRIFTZEICHEN FÜR "KOJU" ENTHÄLT AUCH DAS SCHRIFTZEICHEN FÜR "AKA".

Er ist mein Gott

libre

ORE NO KAMI-SAMA

ORENO KAMISAMA © KOMACHI MACHI/ libre 2016

First published in Japan in 2016 by Libre Inc.,Tokyo.
German translation rights arranged with Libre Inc., Tokyo
through Tuttle-Mori Agency, Inc., Tokyo.

Deutschsprachige Ausgabe / German Edition
© 2021 Crunchyroll SA
CH-1007 Lausanne

2. Auflage

Verlegt unter dem Label KAZÉ MANGA
durch Crunchyroll SA

Aus dem Japanischen von Stefanie Probst

Redaktion: Patrick Peltsch
Produktion: Dorothea Styra
Lettering: Paolo Gattone, Chiara Antonelli, Alessio Ravazzani
Druck und Bindung: GGP Media GmbH, Pößneck